AF349884

SECOND ÉPILOGUE

Le 12 juillet, le *Patriote albigeois* portait l'article suivant :

Mgr DUPANLOUP & Mgr RAMADIÉ

La *Semaine religieuse* de samedi dernier, 5 juillet, a annoncé que le *Correspondant* du 25 mai a publié un récit des derniers jours de Mgr Dupanloup ; elle a voulu que ses lecteurs sussent que *cette publication est due à l'archevêque d'Albi* et a reproduit *les quelques lignes que Monseigneur a placées en tête du récit* :

« Les pages émouvantes que l'on va lire, dit l'archevêque, n'étaient
« pas destinées à la publicité ; elles ont un caractère intime qui n'aime
« pas le grand jour... La pieuse famille à laquelle elles appartiennent,
« à tous les titres, a bien voulu consentir, sur nos instances, à les
« livrer à l'édification générale.

« Le moment est venu de faire mieux connaître le défenseur de
« *toutes* les saintes causes, de mettre en relief la haute et profonde
« piété qui a inspiré *toutes* ses œuvres. »

Un lecteur de la *Semaine religieuse* nous demande si nous pouvons lui dire quels sont les liens si étroits qui ont existé entre Mgr
Dupanloup et Mgr Ramadié pour que celui-ci se donne le rôle un peu
étrange *d'imposer la publicité à des pages d'un caractère intime
qui n'aime pas le grand jour.*

—Nous ne connaissons de Mgr Ramadié que les actes les plus bruyants
de son administration parmi nous ; si le besoin de sa biographie se
fait sentir, nous irons aux renseignements sur les lieux où il est né
et sur les lieux où il a exercé son zèle. Dans ce moment nous ne pouvons que répondre ceci à la question qui nous est adressée :

Tout le monde savait que Mgr Dupanloup était le chef de l'opposition dans le concile du Vatican, et M Emile Ollivier, dans son livre
l'Église et l'État au concile du Vatican, vient de nous apprendre
que Mgr Ramadié a été le membre le plus opiniâtre de cette opposition;
il a pris part à toutes les protestations contre les décisions de Pie IX :
contre le règlement du concile, contre la modification de ce règlement,
contre la mise en délibération du Schema de l'infaillibilité... Il s'est
distingué dans les premières discussions et a été le dernier à abandonner le combat. Sur le premier Schema, le Schema *de fide*, « dans
« la congrégation du 10 janvier, nous dit M. Ollivier, Mgr Meignan de
« Châlons, et Mgr Ramadié de Perpignan, ce dernier conseillé par Mgr
« Ginouilhac, avaient relevé un peu les affaires de l'opposition. » Nous
ignorons d'où M. le Ministre savait que Mgr Ramadié ne peut pas
prononcer un discours qui soit utile à la cause qu'il défend sans être
conseillé.

Continuons de citer littéralement notre auteur :

« Dans l'espérance d'éviter le péril prochain qui les menaçait, les
« évêques de l'opposition adoptèrent la tactique de parler beaucoup et
« de prolonger les discussions...

« Après le nouveau règlement, d'après lequel l'assemblée pouvait
« mettre un terme à la discussion en déclarant que la *chose avait été
« assez débattue*, une seule ressource reste à l'opposition, l'inter-
« vention du bras séculier ; or le bras séculier, c'est la France maî-
« tresse de Rome. On travailla donc à obtenir une intervention quel-
« conque du gouvernement français. »

M. Ollivier, qui était alors ministre des cultes et président du Conseil, qui, par conséquent, connaît mieux que personne cette histoire, raconte les instances des évêques pour obtenir que l'empereur rappelle nos troupes de Rome ou du moins notre ambassadeur. Si ardents qu'ils fussent, ils restaient prudents; ils ne voulaient pas que leurs démarches prissent aucun caractère officiel, ils ne voulaient pas même qu'elles fussent connues ; c'était, pour M. Ollivier, un motif de les repousser. Il écrivait à l'empereur :

« Les évêques opposants, dès que le concile aura prononcé, se
« soumettront ; ils ne se contenteront pas de nous abandonner au
« milieu des difficultés où ils nous auront entraînés, ils nous porte-
« ront des coups en même temps que leurs anciens adversaires, et,
« sur notre dos, ils démontreront la sincérité de leur soumission. Ils
« nous écrivent, nous font dire que le concile n'est pas libre ; qu'ils
« nous dénoncent publiquement la violation de leur liberté, que, publi-
« quement, ils nous appellent à leur aide, alors nous aviserons, jus-
« que-là restons tranquilles... »

« Cependant le clergé inférieur, sûr cette fois de ne pas encourir
« de suspense ou d'interdit en élevant la voix, se soulève un peu au-
« dessus de sa glèbe et pousse vers le pape, d'où parfois lui est venu
« quelque secours, une clameur passionnée, témoignage de sa recon-
« naissance et plus encore de son espérance... »

« Aux prêtres qui n'ont pas pu se rendre à Rome, Pie IX ré-
« pond par des brefs d'autant plus chaleureux que les témoignages de
« dévouement sont partis des diocèses où siégent des prélats contraires
« à la définition. Aux prêtres d'Orléans il exprime que *l'ardeur avec*
« *laquelle ils désirent voir les prérogatives accordées par le*
« *Christ, Notre-Seigneur, à Pierre et à ses successeurs, exposées*
« *d'une manière plus explicite, est d'autant plus admirable que*
« *les temps présents paraissent moins favorables à la libre expres-*
« *sion de cette foi et de ce désir.* Aux prêtres de Perpignan il dit : *en*
« *apprenant que vous êtes placés dans des conditions plus diffi-*
« *ciles, nous n'en sommes que plus agréablement touché de votre*
« *démarche, car la foi qui l'a dictée ne devient que plus noble*
« *et plus précieuse à cause des obstacles qui s'y opposaient.* Tous
« ces compliments sont autant de reproches directs adressés à Mgr
« Dupanloup, évêque d'Orléans, et à Mgr Ramadié, évêque de Per-
« pignan...

« La fatigue avait vaincu tout le monde, le mot *il faut en finir*
« circulait dans toutes les bouches. Mgr Canossa, membre de la

« majorité, était entré en pourparlers avec Mgr Haynald et avait
« proposé à la minorité un accord général pour la clôture de la dis-
« cussion. A cette nouvelle, Mgr Dupanloup court chez Mgr Haynald
« et lui dit : *Monseigneur vous êtes traître envers la vérité.* Mgr
« Haynald le regarde avec hauteur et lui dit, le voyant si peu maître
« de lui-même : *Monseigneur, ne parlons pas de ce sujet en ce*
« *moment.* Le lendemain Mgr Dupanloup, revenu à plus de calme,
« reconnut son tort et s'efforça de l'effacer...

« Dans la congrégation du 2 juillet, on vota par assis et levé la
« rédaction définitive du *proœmium* et des deux premiers chapitres
« du Schema sur l'Église ; vingt-trois orateurs renoncèrent à la parole.
« En annonçant le fait, le président ajoutait un mot d'éloge, *orationi*
« *laudabiliter renuntiavit*, et la majorité répondait par de bruyants
« applaudissements. Deux évêques français, MMgrs de Châlons et de
« Perpignan, eurent néanmoins le courage de parler et malgré les
« interruptions de terminer leurs discours. »

Nous trouvons encore Mgr Ramadié parmi les cinquante-cinq qui,
avant de quitter le concile, écrivirent au pape pour lui dire qu'ils
persistaient dans leur vote contre l'infaillibilité.

Il a donc été dans le concile du Vatican un des membres les plus
ardents et les plus opiniâtres, sinon le plus ardent et le plus opiniâtre de l'opposition dont Mgr Dupanloup était le chef. Nous estimons
qu'il est naturel de penser que, lorsqu'il s'obstine à faire proclamer
en chaire par ses prêtres que Mgr Dupanloup *n'a pas entrepris une*
œuvre, écrit un livre, une lettre, une ligne qui ne soient pas
des bienfaits publics, à faire répéter par son journal *qu'une piété*
profonde a inspiré toutes les œuvres de Mgr Dupanloup, — ce
qui est plus qu'une témérité, — il est poussé par le désir de s'inno-
center lui-même. Peut-on l'approuver sans se rendre quelque peu
coupable envers le concile du Vatican?

Terminons par un conseil ; si jamais il paraissait à Mgr Ramadié
que quelques-uns de ses prêtres soutiennent trop opiniâtrement contre lui et malgré son mécontentement le plus hautement témoigné, ce
qu'ils croient être la vérité et la justice, il fera bien de travailler à
calmer son tempérament en réfléchissant sur sa conduite à l'égard
du souverain pontife Pie IX.

Le 22 du même mois, le *Progrès libéral* portait cet autre article :

LES NOUVEAUX STATUTS DIOCÉSAINS

C'est un axiome que la multiplication des lois est un signe de la multiplication des désordres. Le bruit court néanmoins que le nouvel archevêque d'Albi va donner de nouvelles lois à son clergé sous le nom de *Statuts*, qu'il en a préparé un volume. Le clergé, soucieux de sa réputation, serait forcé de faire observer que l'axiome dont nous venons de parler n'est pas vrai lorsque la loi dépend de la volonté d'un seul. Les livres saints nous assurent que tout homme est sujet à caution : une expérience de six mille ans nous a appris que la volonté de ceux qui peuvent tout ce qu'ils veulent est particulièrement capricieuse et fautive, et l'Église n'impose à personne l'obligation de croire que la mitre en *défende les évêques*.

Nous n'avons pas entendu dire que le besoin de nouveaux statuts se fit sentir ; il n'y avait, parait-il, qu'à renouveler une ordonnance qui défendait aux curés d'acheter absolument aucun immeuble dans leurs paroisses. Quoiqu'il soit passé presque en principe, dans le monde ecclésiastique, que la loi n'oblige pas le législateur, on y est généralement persuadé qu'un évêque, — surtout s'il n'avait rien hérité de sa famille, — qui aurait défendu, par une loi, à ses curés d'acheter le moindre champ de terre dans leurs paroisses, serait préservé de la tentation d'acheter des domaines dans son diocèse, par la crainte que beaucoup de ses diocésains, participant à la malignité du siècle, ne le confondissent, malgré la direction sainte de ses intentions, avec les gens dont Jésus-Christ disait : « En récitant de « longues prières, ils dévorent les maisons des veuves : ils se plaisent « à rendre plus lourds les fardeaux que les autres doivent porter et « qu'ils ne veulent pas, eux, remuer du doigt. »

Le bruit qui est cause de ces réflexions sera démenti. Mgr Ramadié, qui veut le bien, peut-être plus qu'il sait le faire, comparant l'état du diocèse de Perpignan au moment où il l'a quitté, avec l'état du diocèse d'Albi au moment où il y est venu, comprendra que tous ses efforts doivent tendre à ce que rien ne paraisse changé parmi nous, excepté lui.

Deux jours après, le 24, M. Jean, curé de Saint-Salvi, vint chez moi me dire : « Monseigneur m'a chargé de vous demander si vous êtes l'auteur des articles qui viennent de paraître dans le *Patriote* et dans le *Progrès libéral*; il ne les a pas lus parce qu'il y est attaqué personnellement, mais on lui en a rendu compte; l'opinion publique vous les attribue. »

Je répondis : « Je vous prie de transmettre à Monseigneur mon désir que sa question me soit adressée par écrit. Ceci me paraît être le commencement d'une information; il faut que les questions et les réponses soient parfaitement arrêtées, de manière qu'on ne puisse pas y changer un mot, ce qui pourrait suffire pour les dénaturer. »

Le lendemain, M. Jean m'écrivait : « Sur la réponse que j'ai dû transmettre à Mgr l'Archevêque, Sa Grandeur m'a défendu de vous laisser dire la sainte messe à Saint-Salvi.»

Je n'ai reçu absolument aucune autre communication de l'archevêché. Quelle est l'étendue de la peine que l'Archevêque entend m'infliger? Est-ce seulement à Saint-Salvi qu'il veut m'empêcher de dire la messe? je n'en sais rien. Je crois que, dans ce doute, je dois, avant de me présenter dans aucune église de son diocèse pour y célébrer, avertir MM. les curés de la mesure qui a été prise contre moi. Voilà le motif et le but de ce *Second Épilogue*.

J'espère que pour trouver un peu leste le procédé de Mgr Ramadié à mon égard, il n'est pas besoin d'en être la victime. Je ne me suis pas prononcé sur la question qu'il m'a fait adresser, je n'ai rien avoué ni rien nié et je n'ai pas refusé de répondre, j'ai demandé que la question me fut adressée par écrit. Ce que je demandais est conforme aux volontés de Pie IX qui, pendant le concile du Vatican, s'il n'ordonna pas absolument, recommanda très-instamment aux évêques français de mettre par écrit les questions adressées au prêtre contre lequel ils informaient, ainsi que ses réponses, et de conserver les unes et les autres après les avoir fait signer par le prêtre en cause et par un membre de l'autorité, afin que, en cas d'appel à Rome, les juges de l'appel pussent procéder d'après ces pièces authentiques. Sa Sainteté pensait que les évêques ne pouvaient pas faire moins, en attendant le rétablissement des Officialités.

Je ne soupçonnais pas que ma demande pût être suivie d'aucune peine. Je n'avais pas réfléchi qu'on doit émouvoir péniblement l'ancien évêque de Perpignan en lui rappelant les volontés de Pie IX qu'il a tant combattues ; que c'est par peur de l'offenser que la *Semaine religieuse d'Albi* n'a pas osé *annoncer* la brochure *le pape Pie IX et l'empereur Napoléon III*, où je donne raison au pape contre l'empereur.

Mgr Ramadié m'a fait dire que l'opinion publique m'attribue les articles qui l'ont irrité excessivement, quoiqu'il ne les ait pas lus.—Tertullien, dans son Apologétique, s'écriait avec indignation : « L'opinion publique ! ! voilà ce que vous nous opposez ! c'est sur ce fondement que vous nous condamnez ! Est-ce que vous ne savez pas que rien n'est aussi menteur que l'opinion publique ? » — Mgr Ramadié est-il sûr de n'avoir aucun intérêt personnel à laisser croire que les bruits publics sont menteurs ? Son illusion serait grande !

Je l'avais prémuni contre les rapports qu'il est exposé à recevoir contre moi ; beaucoup de gens doivent croire lui faire la cour en me peignant avec de vilaines couleurs. Je lui écrivais, dans le mois de novembre :

« Monseigneur,

« J'ai adressé à M. Jean, curé de Saint-Salvi, une lettre à laquelle il me paraît ne pas vouloir donner suite. En l'écrivant, je ne songeais pas à vous la communiquer, maintenant je crois utile de le faire. La voici :

« 30 septembre 1878.

« Mon cher monsieur le Curé, je veux vous remercier
« de la franchise que vous avez mise dans l'entretien de
« ce matin, et vous prier, à nouveau, de dire au prêtre
« qui vous a affirmé m'avoir vu, pendant une conférence
« de Mgr l'Archevêque, sortir de ma poche un crayon et
« du papier afin de prendre des notes, que je le tiens pour
« un misérable menteur et que je serais heureux qu'il
« voulût me mettre à même de justifier cette qualification
« en sa présence.

« Voilà un fait qui devrait suffire pour vous convertir
« à une de mes convictions. Un jour, je vous soutenais
« qu'un évêque a *toujours* tort de condamner un prêtre
« sans l'avoir entendu et l'avoir confronté avec ses accu-
« sateurs. Vous me répondiez : mais lorsqu'il est instruit
« par un témoin entièrement digne de confiance? — Est-ce
« que vous n'avez pas cru que votre prêtre calomniateur
« était un témoin de cette espèce? Il n'y a que Dieu qui
« connaisse tous les motifs qui peuvent déterminer un
« homme à mentir.

« On vous a rapporté que j'avais souri devant quelques
« phrases de Mgr l'Archevêque sur le mérite de l'obéissance
« aveugle et sur la perfection d'un moine qui, par obéis-
« sance, mangeait son assiette pour souper; que, lorsqu'il
« avait parlé d'un proviseur de Lycée qui avait demandé,
« en montrant une statue de la sainte Vierge, si c'était
« la *réserve*, j'avais murmuré tout bas : cela n'est pas
« vrai. Je vous ai répondu : Ces choses peuvent se faire
« d'une manière inconsciente, sans laisser aucun souvenir,
« donc je ne les nie pas absolument; mais voici ce que je
« puis affirmer : connaissant les dispositions de Mgr l'Ar-

« chevêque à mon égard, je tenais beaucoup à ne lui
« donner contre moi ni droit ni prétexte, à tel point qu'un
« prêtre ayant voulu me parler dans une galerie de la
« cour du Séminaire, je lui dis : montez dans votre cham-
« bre, je vais venir vous y trouver, je ne veux pas parler
« ici, je craindrais que si l'Archevêque me voyait, il ne
« m'apostrophât.

« Il est évident que, dans la position que l'administra-
« tion m'a faite, si je ne suis pas obligé d'éviter tout ce
« qui peut lui déplaire, je dois éviter de lui fournir une
« arme dont elle puisse se servir contre moi légitimement
« et à découvert. Je vous le répète, le prêtre dont vous
« m'avez rapporté les accusations m'a prêté une bêtise et
« cela me fâche beaucoup.

« Adieu, mon cher monsieur le Curé, etc. »

Je ne me flattais pas du tout que Mgr l'Archevêque dai-
gnât me répondre, mais je pensais qu'à la première oc-
casion, il dirait à M. Jean : Quel est donc ce curé dont
M. Marty m'a parlé? M. Jean m'a assuré, dans sa dernière
visite, que Monseigneur ne lui a jamais soufflé un mot sur
ma lettre. Pourquoi la calomnie que je lui dénonçais a-
t-elle laissé Sa Grandeur aussi indifférente? Cette calomnie avait évidemment pour but de fournir une preuve
que c'était moi qui faisais des articles contre l'Archevêque. Elle était dans les meilleures conditions possibles
pour devenir l'opinion publique; c'était un prêtre qui
parlait et il affirmait *avoir vu*.

Je veux répéter ici ce que je disais dans mon *Premier
Épilogue* : « Il est arrivé que de malheureux prêtres ont
« été jetés hors de leur voie par les procédés de leurs
« supérieurs. Je prie mes amis de ne rien craindre pour
« moi de semblable. J'ai toujours proclamé, aussi haut

« que j'ai pu, que la foi aux vérités que Jésus-Christ
« a enseignées et que l'Église a la mission de conserver,
« ne doit pas dépendre de la conduite des hommes. Pour-
« quoi, à cause de ce qui m'arrive, serais-je moins fidèle
« à mes devoirs envers mon doux maître du ciel? Il me
« semble qu'il s'est approché davantage de mon cœur et
« m'a dit avec plus d'intimité que *ceux à qui on jette la*
« *pierre sont plus heureux que ceux à qui on jette des fleurs.* »

Afin qu'on puisse mieux suivre le mouvement de cette
triste affaire, je ne change rien aux pages ci-dessus, qui
étaient écrites lorsque j'ai reçu la lettre qui suit,

« Monsieur l'abbé, j'ai le regret de vous informer que
l'administration vous retire l'autorisation de célébrer la
messe dans le diocèse, pour les motifs qui vous ont été expo-
sés par M. Jean, curé de Saint-Salvi, délégué à cet effet
par Mgr l'Archevêque.

« Veuillez, etc.

« Dougados, *v. g.* »

C'est un véritable interdit sans aucune information.
M. le curé de Saint-Salvi ne m'a exposé les motifs de rien
du tout, il n'a été délégué que pour me poser une question.

Mgr l'Archevêque prétendrait-il encore qu'il a le droit
de m'enlever, tout à fait arbitrairement, le pouvoir de
dire la messe dans son diocèse, où je suis né et où je me
suis retiré depuis dix ans, quand j'ai eu ma retraite
d'aumônier de Lycée, comme il a le droit de m'enlever le
pouvoir d'y prêcher et d'y confesser? C'est la prétention
qu'il avait lorsqu'il fit écrire à MM. les curés et les aumôniers
pour leur défendre de me laisser dire la messe dans leur
église, si je ne leur présentais pas un *celebret* délivré par
mon ordinaire et visé par l'administration diocésaine ac-
tuelle. Cette prétention, je la réfutais dans mon *Premier*

Épilogue, et on m'a assuré que c'était la partie la plus incontestablement victorieuse de mon opuscule.

Pour l'honneur de l'Église, je dois m'empresser de dire publiquement que les lois ecclésiastiques n'autorisent pas Mgr Ramadié à faire ce qu'il a fait contre moi.

Je vais en appeler au Souverain Pontife. Je me rappelle, en ce moment, naturellement avec plus de bonheur que jamais, la belle réponse que j'ai toujours tant aimée, de Pie IX à Mgr Darboy, archevêque de Paris. L'archevêque s'était plaint que son pouvoir ne restait pas assez absolu, le Souverain Pontife lui répondit : « Nous ne pouvons pas ne pas nous étonner, vénérable frère, de votre plainte au sujet des pétitions et appels adressés au pontife romain et qu'il accueille ; en tant qu'évêque catholique, vous devez parfaitement savoir que le droit d'appel au siége apostolique, comme l'a dit Benoît XIV, d'immortelle mémoire, est si nécessairement lié avec la primauté de juridiction du pontife romain sur toute l'Église universelle, qu'on ne saurait le mettre en question, à moins qu'on ne prétende nier absolument cette primauté. Aussi nous jetez-vous dans l'étonnement lorsque vous affirmez que la coutume que pratique le siége apostolique d'accueillir la plainte de ceux qui en appellent à sa justice du jugement des évêques, vous rend impossible l'administration de votre diocèse. D'une pareille impossibilité, aucun évêque catholique, ni dans le présent ni dans le passé, ne s'est jamais aperçu. Si cette prétendue impossibilité pouvait jamais exister, c'est le pontife romain qui devrait la sentir, lui qui, pour ainsi dire, tiré violemment en tout sens par la pesante sollicitude de toutes les Églises, est obligé de recevoir toutes les réclamations de tous les diocèses du monde, de les examiner avec soin et de tout trancher ; et ce ne serait jamais le

simple évêque obligé seulement de répondre sur les choses
de son propre diocèse, portion toujours modique de l'Église
universelle. Vous pensez encore que la présomption doit
toujours exister en faveur du supérieur, quand il s'agit d'un
débat entre personnes de grades inégaux, et vous pro-
posez ainsi une règle bien différente de celle que saint
Bernard proposait, en ces termes, à notre prédécesseur Inno-
cent II : « Entre tout ce qui distingue votre primauté sin-
« gulière, voici ce qui l'ennoblit plus spécialement, et
« voici ce qui rend plus particulièrement illustre votre
« apostolat, c'est que vous pouvez arracher le pauvre de
« de la main de plus puissant que lui.»

L. MARTY,

Chanoine honoraire.

Albi, le 30 juillet 1879.

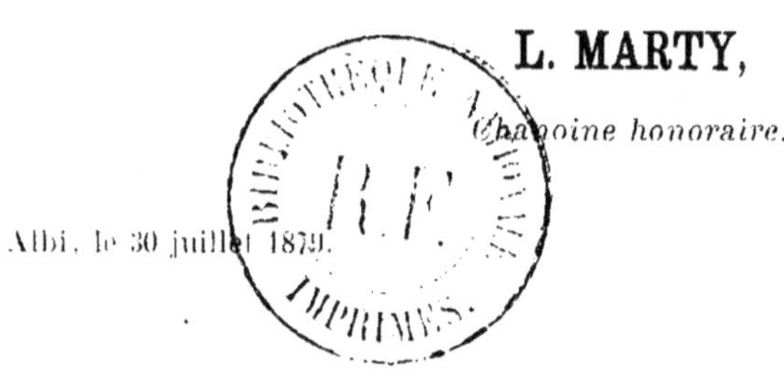

147